# LES VITRAUX PEINTS

## DE LA

# CATHÉDRALE DE BOURGES

PAR

Eugène de BEAUREPAIRE

SECRÉTAIRE GÉNÉRAL DE LA SOCIÉTÉ FRANÇAISE D'ARCHÉOLOGIE

AVEC UNE LETTRE

## du Comte de MARSY

DIRECTEUR DE LA SOCIÉTÉ FRANÇAISE D'ARCHÉOLOGIE

## CAEN

HENRI DELESQUES, IMPRIMEUR-ÉDITEUR

RUE FROIDE, 2 ET 4.

1898

# LES VITRAUX PEINTS

## DE LA

# CATHÉDRALE DE BOURGES

PAR

## Eugène de BEAUREPAIRE

SECRÉTAIRE GÉNÉRAL DE LA SOCIÉTÉ FRANÇAISE D'ARCHÉOLOGIE

AVEC UNE LETTRE

## du Comte de MARSY

DIRECTEUR DE LA SOCIÉTÉ FRANÇAISE D'ARCHÉOLOGIE

## CAEN


HENRI DELESQUES, IMPRIMEUR-ÉDITEUR

RUE FROIDE, 2 ET 4.

# LES VITRAUX PEINTS

## DE LA

# CATHÉDRALE DE BOURGES

## I.

### *Lettre à M. Eugène de Beaurepaire.*

Mon cher confrère et ami,

L'amabilité avec laquelle le marquis des Méloizes veut bien m'autoriser à donner aux lecteurs du *Bulletin monumental* la primeur de l'introduction que vous avez écrite pour son ouvrage (1), me fournit l'occasion de dire tout le bien que je pense de cette magistrale publication qui, comme vous le rappelez, a demandé à notre savant confrère plus de vingt-cinq ans de travail, et, sans parler des frais qu'elle

(1) *Vitraux peints de la cathédrale de Bourges, postérieurs au XIII° siècle.* Texte et dessins par le marquis A. des Méloizes, avec une introduction par M. Eugène de Beaurepaire. Paris, 1891-1897 (Lille, imprimerie Desclée et C$^{\text{ie}}$). Trente planches avec texte in-folio plano (0$^{\text{m}}$75 sur 0$^{\text{m}}$55).

lui a occasionnés, a même manqué lui coûter la vie, car vous n'avez pas oublié plus que moi la chute qu'il fit du haut d'un des échafaudages sur lesquels il était monté pour faire les calques qui lui ont servi ensuite à exécuter ses dessins.

Dans votre introduction, vous avez retracé, avec la précision et le sentiment artistique qui distinguent tout ce qui sort de votre plume, l'histoire de la peinture sur verre à Bourges, pendant les XV$^e$ et XVI$^e$ siècles ; mais il n'entrait pas dans votre cadre de faire ressortir le mérite du dessinateur qui a su, dans une série de planches à laquelle on ne saurait reprocher qu'un format plus grandiose que commode, faire revivre les œuvres des verriers habiles dont ses savantes recherches dans les archives lui ont permis de faire connaître les noms, en même temps qu'il établissait, avec non moins d'exactitude, quels avaient été les donateurs de ces œuvres d'art.

Grâce aux travaux des PP. Cahier et Martin sur les vitraux de Bourges aux XIII$^e$ et XIV$^e$ siècles, et à la suite que vient de leur donner M. des Méloizes, nous possédons sur l'un des plus beaux ensembles de la décoration française un travail marchant de pair avec ceux qui ont été consacrés aux cathédrales de Chartres et du Mans (1). C'est un peu un sujet de jalousie pour nous de voir que nos églises de Normandie et de Picardie, Rouen, Gisors, Beauvais et Saint-Quentin notamment, qui ont, elles aussi, de

______

(1) Nous donnons la reproduction réduite à 1/10 de l'une des verrières données par les Tullier, à la sanguine, mais retournée, et celle en couleurs d'un fragment du vitrail donné par Pierre Trousseau.

si belles œuvres de nos verriers, n'ont pas trouvé d'artistes semblables pour les reproduire et d'érudits de cette valeur pour en faire apprécier les mérites et en faire connaitre l'histoire.

Les trente planches qui forment la publication de M. des Méloizes devraient se trouver non seulement dans toutes les bibliothèques, mais aussi dans nos écoles d'art, où elles fourniraient aux élèves de précieux enseignements.

*De minimis non curat prætor*. Aussi ne vous ferai-je pas un reproche, absorbé par l'esquisse que vous traciez, d'en avoir négligé un détail qui a pourtant son importance. C'est l'étude faite ici pour la première fois en huit planches des *damassés* qui forment les fonds des sujets ou couvrent les vêtements des personnages des vitraux de Bourges.

J'essaierai de résumer ce que dit l'auteur de ces décorations successives, certain que cette digression sera bien accueillie par nos confrères.

« Les imitations de tapisseries, d'étoffes brochées, de tissus ouvrés ou brodés qu'on désigne habituellement sous le nom de *damassés* ou de *damas* n'apparaissent véritablement dans les vitraux que vers la fin du XIVᵉ siècle. On n'en voit point d'exemple dans les médaillons à petites figures des premiers temps de la peinture sur verre, à moins qu'on ne veuille considérer comme tels certains ornements consistant en enroulements simples, en fleurettes, rosaces, annelets et ellipses, enlevés sur fond noir, qui sont quelquefois appliqués, surtout au XIIᵉ siècle, en façon de bandes ou de bordures sur les robes et les manteaux... »

Après avoir expliqué les procédés techniques em-

ployés pour cette décoration, M. des Méloizes rappelle
que c'est surtout à partir des premières années du
XVe siècle que les damassés proprement dits sont ré-
pandus dans tous les vitraux. « Ils affectent les
dispositions les plus variées, en s'inspirant tout
d'abord des riches dessins de ces précieux tissus que

les ateliers d'Orient fournissaient au commerce eu-
ropéen... » En effet, nous y trouvons ces animaux
affrontés, lions et oiseaux, que nous trouvons sur les
chapes de Chinon et de Saint-Rambert-sur-Loire,
ainsi que sur l'étoffe de Mozat; ailleurs on peut re-

connaitre dans une touffe de rameaux denticulés et
recourbés la plante connue sous le nom de rose de
Jéricho.

Un motif d'un tout autre caractère est celui qui
figure sur un fragment provenant de la Sainte-
Chapelle de Bourges. où, « dans les espaces laissés

libres au milieu de l'entrecroisement de tiges feuil-
lées, dont les intersections sont cachées par un
ornement fleurdelysé, se voient répétés l'ours et le
cygne, supports ordinaires des armes du duc Jean,

alternant avec un monogramme formé des lettres E
et V ».

A partir du milieu du XV⁰ siècle, les damassés
changent complètement de style et perdent presque
toute leur originalité; ils s'agrandissent de telle
sorte qu'on ne voit plus guère que des alternances
un peu confuses de grisaille, devenue très transpa-
rente, et d'intervalles où le verre est mis à nu, sans
qu'on puisse, le plus souvent, saisir l'ensemble des
détails.

Il faut remarquer aussi que, vers la fin du
XVI⁰ siècle, une nouvelle transformation eut lieu
dans la décoration des damassés par l'emploi des
émaux qui permit de reproduire, sur un même morceau de verre, l'ornementation d'étoffes brochées de
plusieurs couleurs.

En reproduisant ces types et en les décrivant
avec autant de soin, M. des Méloizes a ouvert un
champ à la critique. C'est une question particulièrement intéressante et que je soulevais, il y a peu
de temps, au Congrès des Sociétés savantes belges,
à Malines, à l'occasion des tableaux des premiers
maîtres flamands dont l'identification est toujours si
difficile. Dans leurs œuvres aussi, ces *damassés* sont
nombreux et, comme dans les vitraux, ils ne sont
pas le produit de l'imagination des artistes. Je pro-
posais de les reproduire dans l'espoir que, rappro-
chés des tissus que l'on rencontre dans les œuvres
des maîtres dont l'attribution ne peut laisser de
doute, on arriverait à reconnaitre les œuvres sorties,
sinon de la même main, tout au moins du même
atelier. Ce que je disais des tableaux pourrait, je le
crois, s'appliquer aussi justement aux vitraux et

nous fournir ainsi des éléments pour leur attribution.

Mais, pardonnez-moi de me laisser entrainer à
traiter une question bien accessoire, avant de vous
céder la place.

Que ce ne soit pas toutefois sans vous dire que la
Société française d'Archéologie est doublement fière
de voir que la publication des vitraux de Bourges a
pour auteur l'un de nos meilleurs confrères, qu'elle a
honoré, il y a quelques années, de sa plus haute
distinction, et que son introduction porte la signature
du secrétaire général dont tous apprécient la haute
compétence et le sens artistique.

Veuillez agréer, mon cher confrère et ami, l'assu-
rance de mes meilleurs sentiments.

MARSY.

## II.

### INTRODUCTION.

La splendide publication sur les vitraux de la Cathédrale de Bourges postérieurs au XIII<sup>e</sup> siècle, dont une trop bienveillante amitié m'a confié le soin d'écrire l'introduction, a des origines déjà assez lointaines et qu'il n'est peut-être pas inutile de rappeler. Comme l'intéressante *Statistique monumentale du Cher* de M. A. Buhot de Kersers, elle se rattache au mouvement archéologique suscité dans le Berry par la fondation, en 1867, de la Société des Antiquaires du Centre. Dès les premières réunions de la nouvelle compagnie, il sembla désirable de donner une suite aux recherches érudites des RR. PP. Martin et Cahier sur les vitraux du XIII<sup>e</sup> siècle de la Cathédrale de Bourges, en consacrant une étude analogue aux vitraux de date postérieure. C'est ce projet qu'après de longues années d'un travail persévérant, M. le marquis Albert des Méloizes a réussi à mener heureusement à fin. Grâce à lui, nous avons maintenant sous les yeux non seulement la reproduction des œuvres des artistes, mais encore les notices historiques et archéologiques que ces œuvres comportent. En consultant les anciens historiens de la province, en fouillant les dépôts publics, l'auteur a élucidé, autant qu'elles pouvaient l'être, toutes les questions de date et d'attribution que ces fragiles monuments soulèvent. Nous ne voyons pas trop ce qu'il y aurait à ajouter aux constatations historiques contenues dans les notices et aux enseignements artistiques qui se dégagent de la succession de ces belles planches en couleurs d'une exécution si remarquable. Tout au plus pouvons-nous essayer de mettre en relief l'importance de la publication, en classant méthodiquement les vitraux qu'elle renferme et en déterminant avec précision leurs caractères distinctifs et leur physionomie. Ainsi comprise, cette étude rapide que nous allons présenter des vitraux de la Cathédrale de Bourges, et dont nous emprunterons les éléments principalement aux notices de M. des Méloizes, sera une sorte d'histoire de la peinture sur verre dans le Berry pendant deux siècles. de 1404 à 1619.

Comme tout le monde le sait, la Cathédrale de Bourges, pour la période ogivale, est un monument de tout premier ordre qui a été plusieurs fois décrit et sur lequel tout a été dit au point de vue historique et architectural. Par un privilège aussi rare qu'enviable, malgré les changements politiques et les variations de goût, plus heureuse que bien d'autres, elle a conservé à peu près complète sa riche garniture de vitraux du XIII siècle. Sans doute, on peut citer à Auxerre et à Sens quelques vitraux où se reconnaît l'influence de l'école bourguignonne et qui sont d'une plus grande finesse d'exécution ; mais, Chartres mis à part, aucune église, en France, pour les belles séries et les grands sujets, ne peut rivaliser avec Bourges. C'est probablement pour cela que les PP. Martin et Cahier s'appliquèrent à les décrire avec un grand soin dans leur volume in-folio, avec planches en couleurs, qui parut en 1841.

Il n'est pas, d'ailleurs, besoin d'être archéologue
pour comprendre toute la haute valeur de ces œuvres
décoratives. Lorsqu'on entre dans la Cathédrale,
l'œil est, en effet, immédiatement frappé de l'éclat
harmonieux de ces vitraux, qui s'enchâssent comme
des mosaïques dans les lignes architecturales et dont
les couleurs chaudes et profondes prennent, aux
rayons du soleil, l'aspect d'un travail de joaillerie.
C'est là l'impression première que l'on éprouve à
leur vue, et c'est celle à laquelle il faut toujours re-
venir. Mais ces séductions de la couleur, qui agissent
si puissamment sur la plupart des visiteurs, ne sont
pas tout, et nous reconnaissons volontiers que ces
longues suites de médaillons à personnages de
petite dimension présentent aux initiés un intérêt
d'un autre ordre, et qui n'est pas moindre. Lorsqu'on
veut bien les étudier avec quelque attention, ils four-
nissent une mine inépuisable de renseignements
précieux pour l'hagiographie, la légende, le symbo-
lisme, les diverses branches de l'ecclésiologie : vêtements et ornements sacerdotaux, mobilier ecclésiastique. Les savants Jésuites auxquels on doit le
volume des *Vitraux de la Cathédrale de Bourges*
ont, sans doute, rendu justice aux coloristes puis-
sants qu'étaient les maîtres verriers du XIII<sup>e</sup> siècle ;
mais on peut affirmer, sans la moindre hésitation,
qu'ils ont été aussi attirés par la mise en scène à la
fois naïve et savante qu'ils nous offrent des vies des
saints et des récits de l'Ancien et du Nouveau Testament, interprétés parfois d'après Jacques de Voragine et Honorius d'Autun, avec accompagnement de
détails tirés des Bestiaires, des Volucraires et des
Lapidaires.

A ce point de vue, l'opinion s'est modifiée du tout
au tout, ainsi qu'on peut en juger par les lignes
suivantes écrites par Hyacinthe Langlois en 1832 :

« Beaucoup de pareils sujets sont également diffi-
« ciles à reconnaître, surtout ceux qui représentent
« des faits que leur ridicule ou leur incertitude ont
« fait rejeter par les hagiographes modernes et les
« critiques. Aussi n'est-ce plus que dans la bouche
« de la classe la moins distinguée de la société que
« l'on retrouve encore une foule de traditions pieuses,
« consignées dans le *Miroir historial* de Vincent de
« Beauvais, la *Légende dorée* de Jacques de Voragine,
« les *Sermones discipuli* de Jacques Hérolt et mille
« autres compositions gothiques du même genre
« conservées aujourd'hui dans la poussière des biblio-
« thèques (1) »..

L'érudition moderne s'est montrée moins sévère
pour toutes « ces compositions *gothiques* », comme
les appelle dédaigneusement Hyacinthe Langlois.
Sans admettre la vérité absolue de tous les faits
merveilleux relatés dans les légendes et dans les
livres apocryphes, elle en a su démêler le sérieux
intérêt, au point de vue de l'étude de l'histoire locale,
des croyances, des mœurs et des coutumes. La réha-
bilitation dont tous ces textes, dans une certaine
mesure, ont bénéficié, s'est étendue, par une consé-
quence naturelle, aux vitraux du XIII<sup>e</sup> siècle qui en
sont le commentaire figuré. Ceux des époques postérieures ne se recommandent par aucun mérite analogue, et c'est peut-être parce qu'ils n'apportaient

(1) *Essai historique et descriptif sur la peinture sur verre,*
p. 29.

aucune contribution à la science ecclésiologique,
que les savants Jésuites ne leur ont assigné aucune
place dans leur publication. M. Hucher, moins exclu-
sif, n'a pas hésité, dans son ouvrage intitulé : *Calques
des vitres peintes de la Cathédrale du Mans,* à con-
sacrer les neuf dernières planches aux vitraux du
XV<sup>e</sup> siècle. M. des Méloizes a fait mieux encore. Il a
recueilli un peu partout toutes les indications pos-
sibles sur les vitraux de la Cathédrale de Bourges
postérieurs au XIII<sup>e</sup> siècle, et, comme nous l'avons
déjà dit, il a joint à cet ensemble de documents les
planches de grande dimension qui s'y rapportent. Il
est aisé, en parcourant cet ouvrage, de se rendre
compte des diverses manifestations de l'art du verrier
à la Cathédrale de Bourges à partir du XV<sup>e</sup> siècle.
Cette revue est d'autant plus instructive que l'auteur
n'a rien négligé pour nous éclairer. Non seulement
il a analysé le sujet de tous ces vitraux, mais il a
noté avec la plus scrupuleuse attention les modifications survenues dans les procédés de fabrication, les
réparations successives dont on peut suivre les traces,
les pièces rapportées, les légendes placées à contre-
sens, les personnages maladroitement intervertis.
On ne saurait s'imaginer quelles perturbations profondes les coups de vent, les tempêtes, les incendies
ont apportées dans l'économie générale de ces fragiles
représentations. Trop souvent, hélas ! au lendemain
d'un désastre, les contemporains les considérèrent
comme de simples fenestrages et se préoccupèrent
avant tout de boucher les trous qui s'y étaient pro-
duits, en rétablissant, tant bien que mal, la continuité
de la clôture. Dieu sait au moyen de quelles juxtapo-
sitions fantaisistes ce résultat était parfois obtenu !

M. des Méloizes a procédé sur place à une vérification
des plus longues, des plus minutieuses. Il a tout vu,
tout palpé, tout mesuré. Avec lui on est certain de
ne pas être induit en erreur par le *faux vieux* et de
pouvoir concentrer son attention sur l'œuvre authentique et originale.

Les vitraux de la Cathédrale de Bourges dont
nous avons les reproductions sous les yeux appartiennent à quatre époques différentes et peuvent se
classer en quatre groupes parfaitement distincts.
Les plus anciens remontent au début du XVᵉ siècle ;
les suivants ont été exécutés dans la seconde moitié
de ce même siècle ; le troisième groupe comprend les
beaux vitraux du XVIᵉ ; enfin la collection se ter-
mine par quelques vitraux de la fin du XVIᵉ et des
premières années du XVIIᵉ siècle. Ce ne sont pas
seulement simples questions de date : les divisions
que nous venons d'indiquer correspondent à quelque
chose de plus essentiel, à des différences de style,
de caractère, d'influence. Un examen rapide suffira
d'ailleurs à faire immédiatement saisir la portée de
cette observation.

La série des vitraux de la période la plus ancienne,
que nous rangeons dans la première catégorie, s'ouvre
par des fragments provenant de l'ancienne Sainte-
Chapelle élevée dans son palais de Bourges par le
duc Jean de Berry. Après la démolition de ce
somptueux édifice, en 1757, ce qui put être sauvé
de ces vitraux fut transporté dans la Cathédrale, et
servit à garnir les cinq baies de l'église souterraine
où on les voit aujourd'hui. L'adaptation de ces vitres
peintes à des ouvertures pour lesquelles elles n'a-
vaient pas été faites, n'alla pas, on peut le croire,

sans remaniements et sans mutilations; mais, malgré
ces conditions d'installation défectueuse, leur examen n'en est pas moins fort intéressant. Ces vitraux ont leur valeur propre qu'il est impossible de
méconnaitre, et ils nous permettent, en outre, de
mieux apprécier les vitraux de la Cathédrale exécutés à la même époque par des artistes appartenant
aux mêmes ateliers.

Ces précieux débris, qui ne sont malheureusement
qu'une bien faible partie de la vitrerie peinte de la
Sainte-Chapelle, représentent une suite de vingt prophètes dont quatorze — les mieux conservés -  ont
été reproduits par M. des Méloizes.

Parmi ces personnages de grande dimension, on
ne peut guère identifier que David et Isaïe, mais
tous se font remarquer par la majesté de l'attitude,
la bonne ordonnance des draperies, la largeur du
dessin, la pureté des lignes du visage. On y reconnaît le faire de praticiens habiles ayant un sens
artistique très développé. Il y a toutefois un point
sur lequel M. des Méloizes a insisté avec raison et
dont nous devons à notre tour dire quelques mots.
Trois écrivains locaux, qui ont vu la Sainte-Chapelle
debout avant l'ouragan qui renversa le grand pignon
en 1755 et qui devait, deux ans après, entraîner la
démolition du bâtiment tout entier, nous ont laissé
une appréciation très élogieuse des vitraux qui en
faisaient le principal ornement. Ces jugements favo-
rables n'auraient pas lieu de nous surprendre, et
nous nous contenterions de les mentionner, si ces
trois auteurs n'avaient relevé dans ces œuvres d'art
un mérite tout spécial que les fragments conservés
à la Cathédrale ne laissent pas deviner.

Voici tout d'abord comment s'exprimait Geoffroy Tory : « Les vitres qu'il fit sont de tel art que le « soleil, tant luysant peut-il estre, ne les peult de « ses rayons aucunement pénétrer, qui est une chose « très belle et sans autre semblable ».

Chaumeau et La Thaumassière formulent leur opinion en termes identiques. C'est toujours cette prétendue imperméabilité des surfaces colorées qui fait l'objet principal de leur admiration. Or, comme le remarque M. des Méloizes, le défaut de ces vitres peintes est précisément leur translucidité exagérée. Comme il est nécessaire de trouver une explication aux jugements semblables de ces trois écrivains, nous croyons qu'il faut voir dans leurs paroles une allusion aux *damassés* placés en guise de *tenture* et *d'écran*, de manière à atténuer l'éclat de la lumière et à augmenter le relief des personnages. Sans doute, l'usage des damassés n'était pas spécial aux vitraux de la Sainte-Chapelle, mais outre que nous ne connaissons pas exactement dans quelles conditions il s'y produisait, il convient aussi de tenir un certain compte des exagérations laudatives habituelles aux écrivains du pays quand il s'agit des œuvres de leurs compatriotes.

Quoi qu'il en soit, ces grandes figures, qui se détachaient vigoureusement sur un fond damassé d'étoffes vertes, bleues, jaunes ou rouges, dans les lancettes élancées de la Sainte-Chapelle, ne constituaient pas une innovation. L'artiste, tout en se préoccupant plus qu'aux époques précédentes de l'harmonie des lignes et de la correction du dessin, ne faisait, pour le surplus, que se conformer à la tradition du XIV<sup>e</sup> siècle. C'est à cette tradition qu'appartiennent, sans conteste, les dais d'architecture qui encadrent d'une façon si élégante les saints, les apôtres, les sybilles et les prophètes. Le mérite pittoresque de cet accompagnement n'avait pas échappé à Hyacinthe Langlois, qui, à propos des vitraux de Saint-Ouen de Rouen, écrivait ce qui suit :

« Ces peintures sont d'autant plus précieuses pour
« les artistes et les antiquaires qu'elles offrent dans
« les brillants motifs d'architecture dont elles sont
« enrichies ce que l'imagination la plus féconde
« peut produire de plus varié dans ce genre. Nous
« entendons parler surtout des magnifiques dais go-
« thiques et semi-gothiques qui couronnent les per-
« sonnages, décoration du plus heureux effet qui,
« dès le XIV^e siècle, naquit de l'idée d'isoler de
« grandes figures dans les compartiments des fe-
« nêtres (1). »

C'est aux transformations successives et à l'épanouissement de ce système que nous allons maintenant assister en poursuivant notre examen. Nous commencerons par les plus anciens vitraux. Contemporains de ceux de la Sainte-Chapelle, ils en reproduisent les qualités et ne sauraient en être séparés. Les vitres peintes de la Cathédrale appartenant à cette première période sont au nombre de quatre : deux sont à peu près intactes, deux sont à l'état rudimentaire. Pour toutes, à défaut du nom de l'artiste, nous connaissons au moins le nom du donateur, et, ce qui est beaucoup plus important, la date

_______

(1) *Essai historique et descriptif sur la peinture sur verre,*
p. 46

précise de leur exécution. Le vitrail sur lequel tout
d'abord doit se porter notre attention est celui de la
famille Trousseau. Il orne la chapelle bâtie et fondée
par Pierre Trousseau, qui lui a laissé son nom.
Ce dignitaire ecclésiastique, sur lequel le dernier
volume de la Société des Antiquaires du Centre nous
renseigne abondamment, se rattachait à une famille
plus importante que ne l'avait supposé l'annaliste
Blanchard.

Chanoine et archidiacre à Bourges au début de sa
carrière, Pierre Trousseau devint plus tard chanoine
et archidiacre de Paris, conseiller au parlement,
maître des requêtes de l'hôtel du Roi, évêque de
Poitiers et enfin archevêque de Reims. Il fut saisi
par la mort à Rouen le 16 décembre 1413, avant
d'avoir pu prendre possession de son siège archiépiscopal autrement que par procureur. Quand il
édifia dans la Cathédrale de Bourges la chapelle où
il avait choisi sa sépulture, il n'était encore qu'archidiacre. Le fait se passa, par conséquent, avant
le 1ᵉʳ novembre 1409, date de son élévation au siège
épiscopal de Poitiers. M. des Méloizes place la
confection du vitrail entre en 1404 et 1406. On voit,
dans tous les cas, qu'elle ne saurait être postérieure
à 1409.

Conformément à ses dernières volontés, le corps
de l'archevêque de Reims fut rapporté à Bourges
et enterré dans sa chapelle. Sur une plaque de
marbre on pouvait y lire, avant la Révolution, une
longue épitaphe en vers latins concernant tous les
titres du défunt et les accompagnant des éloges
obligés qui forment le fond habituel de ces sortes de
documents : La Thaumassière, dans son *Histoire*

*du Berry*, en a conservé le texte que l'on peut, en outre, consulter dans la *Gallia Christiana* (1).

Nous ne voulons en retenir que les vers suivants :

*Quem decor et mores quondam celebrare solebant*
*Trouselli Petrum frigida petra tegit.*

Depuis longtemps cette plaque a été brisée, et, malgré la fragilité de la matière, c'est le vitrail qui a eu l'heureuse fortune de nous conserver le souvenir de Pierre Trousseau et de tous les siens. Il leur est, en effet, entièrement consacré.

La partie supérieure est remplie par des écussons d'armoiries soutenus par des anges : armes du souverain pontife surmontées de la tiare ; armes personnelles de Clément VII et de Benoît XIII ; armes de France, armes de Berry séparées par un petit groupe figurant saint Michel terrassant le dragon.

Clément VII régna de 1372 à 1394, et Benoît XIII, de 1394 à 1424. Pierre Trousseau, qui avait débuté sous le premier, avait été élevé aux plus hautes dignités sous le second, qu'il avait même eu l'honneur de représenter en qualité de commissaire spécial lors de la bénédiction de la Sainte-Chapelle de Bourges, en 1405. On conçoit que l'archidiacre de Paris, en plaçant les armoiries de Clément VII et de Benoît XIII, se soit proposé de rappeler le souvenir de deux souverains pontifes auxquels il avait de sérieuses obligations ; peut-être, cependant, serait-il plus naturel et plus conforme aux idées du temps d'y voir de simples indications chronologiques faisant connaître que la chapelle et le vitrail commencés sous le

---

(1) *Gallia Christiana*, t. IX, p. 135.

premier de ces papes avaient été achevés sous le second.

C'est au-dessous de cette accumulation d'armoiries que se déroule, dans la partie inférieure du vitrail, le sujet principal, qui nous offre dans le second panneau, en regard de la Vierge à l'enfant Jésus occupant le premier panneau, Jacquelin Trousseau et sa femme Philippe de la Charité, père et mère de l'archidiacre, derrière lesquels se tient saint Jacques, patron de Jacquelin ; dans le troisième panneau, l'archidiacre lui-même, tenant en main le modèle de sa chapelle, avec saint Étienne comme présentateur ; dans le quatrième, les frères et une des sœurs de Pierre Trousseau, Agnès, dame de Méreville. En arrière se voit sa patronne, la palme à la main et la couronne en tête. Le fond des édicules où sont placés tous ces personnages est tendu de riches étoffes, de couleurs rouge et bleue, où les animaux chimériques se mêlent aux expansions végétales. L'ensemble est traité dans une douce tonalité et produit le meilleur effet.

Ce vitrail, est-il besoin de le dire, est un vitrail de présentation. L'on remarquera que, contrairement à ce que l'on voit habituellement, le sujet religieux s'y trouve singulièrement réduit, tandis que la personnalité du donateur prend, dans la composition, une part tout à fait prépondérante. Dans la zone supérieure, en dehors du saint Michel qui occupe un compartiment de dimensions exiguës, tout le reste du vitrail est pris par les armoiries des papes Clément VII et Benoît XIII, accompagnées des écus de France et de Berry. Dans la zone inférieure, le groupe charmant de la Vierge et de l'enfant Jésus occupe, il est vrai, un panneau sur quatre, mais les trois autres sont attribués à la famille du donateur Pierre Trousseau.

C'est là, d'ailleurs, une observation que nous aurons plus d'une fois l'occasion de faire au cours de cette étude.

Le vitrail de M⁰ Symon Alegret ou Aligret doit être rapproché de celui de Pierre Trousseau. C'est aussi un vitrail de présentation rappelant celui dont nous venons de nous occuper par sa date, par son aspect général, par des analogies saisissantes de style et de sujet.

M⁰ Symon Aligret, que le vieil historien Chaumeau range parmi les hommes *de bon esprit* dont le duc de Berry aimait à s'entourer, était tout à la fois son médecin et son homme de confiance, et fut comblé par lui de dons et de faveurs de toute espèce. Il avait reçu le sous-diaconat, ce qui lui permit d'être pourvu de certaines dignités ecclésiastiques et d'obtenir l'office de chancelier et trésorier de l'église Saint-Hilaire de Poitiers.

Des termes d'une bulle du pape Jean XXIII, du 17 décembre 1412, il résulte que la chapelle de M⁰ Symon Aligret dans la Cathédrale de Bourges était alors entièrement terminée, d'où l'on peut conclure que la confection du vitrail doit être placée un peu auparavant, probablement vers 1409 ou 1410.

Aligret mourut à Rouen le 18 septembre 1415, et ses restes mortels furent rapportés à Bourges et déposés, comme il l'avait prescrit, dans la chapelle qu'il avait fait élever. Une pierre tombale, sur laquelle on lit encore le millésime 1415 et les mots CHAN. ET THRESORIER DE SAINCT HILAIRE LE GRANT...., marque le lieu de sa sépulture.

Le sujet du vitrail demande quelques mots d'explication. Il représente dans sa partie supérieure le Jugement dernier. Le compartiment le plus élevé est occupé par le Christ, juge suprême des vivants et des morts. Il a au-dessous de lui la Vierge et saint Jean-Baptiste. Autour de ces personnages, des anges aux attitudes variées sonnent de la trompette. A cet appel, les morts soulèvent la pierre de leur tombeau et apparaissent aux regards, couverts encore de leur linceul. Ces ressuscités sont de tout âge, de tout sexe, de toutes conditions. On reconnaît un roi à sa couronne, un évêque à sa mitre, des clercs à leur tonsure. Cette partie du vitrail, pleine de mouvement, est traitée avec le soin le plus consciencieux. Elle se complète par deux écussons : l'un aux armes de Berry, l'autre aux armes de Berry et d'Auvergne, par allusion aux armes de la seconde femme du duc de Berry, Jeanne de Boulogne, comtesse d'Auvergne.

Si, dans cette partie, le vitrail s'éloigne du vitrail de Trousseau, il n'en est pas de même dans la partie inférieure comprenant les grands panneaux, qui procède évidemment de la même inspiration. On y reconnaît le donateur accompagné de ses neveux Faverot et ayant derrière lui dans deux panneaux distincts, comme présentateurs, saint Hilaire et sainte Catherine, reconnaissable à sa roue, tandis que le quatrième panneau nous présente trois femmes derrière lesquelles se tient saint Michel, l'épée à la main. Des dais élégants d'une riche architecture, ornementés de quelques statuettes, complètent la décoration.

La chapelle dite de Robert d'Étampes et celle de

Guillaume de Boisratier devaient avoir des vitraux du même genre.

La première n'a conservé que de grands écussons d'armoiries supportés par des anges agenouillés, d'un beau style ; encore faut-il observer que M. F. de Lasteyrie considère ce morceau comme provenant de la Sainte-Chapelle du palais ducal.

La seconde chapelle, édifiée par Guillaume de Boisratier, archevêque de Bourges, et placée sous le vocable de saint Thibaut, a été plus épargnée. Si les panneaux du bas de son vitrail ont disparu, il en est autrement des détails ornementaux qui meublent les compartiments supérieurs. Ce ne sont pourtant que des écussons d'armoiries ayant des anges pour supports, accompagnés d'autres anges jouant d'instruments de musique variés ; mais tous ces accessoires sont disposés avec un art ingénieux qui fait regretter plus vivement encore la perte de la composition principale.

Parmi ces écussons et tout au haut de la vitre se trouve celui du pape Alexandre V, qui occupa le siège pontifical du 20 juin 1409 au 3 mai 1410. C'est, par conséquent, vers la fin de 1409 ou dans les premiers mois de 1410 que le vitrail dut être exécuté.

Comme Trousseau, Aligret et Robert d'Étampes, Guillaume de Boisratier appartenait à l'intimité du duc de Berry, dont il fut le chancelier, et l'on peut considérer que toutes les vitres que nous venons successivement d'examiner sortirent des mêmes ateliers et appartiennent véritablement au même groupe artistique. En l'absence de documents écrits, le plus simple examen suffirait à démontrer l'identité de caractère, l'identité de style, et par suite l'identité d'origine. Ces analogies significatives se manifestent non seulement dans le dessin, dans la préférence donnée à certaines couleurs, mais dans les procédés techniques de fabrication, dans la distribution de la lumière et des ombres.

Dans sa belle publication sur les calques des vitraux de la cathédrale du Mans, M. Eugène Hucher s'occupant des œuvres de cette époque s'exprimait en ces termes :

« Au XV⁰ siècle tout est changé, le mode d'exécu-
« tion des peintres miniaturistes est appliqué à la
« lettre à la peinture sur verre. C'est à peine si on
« hasarde quelques ombres plates, *putoisées*, comme
« disent les verriers, avec une telle parcimonie de
« couleur noire que la matière des ombres paraît
« empruntée au ton local. Vus de très près, à trois
« mètres, ces vitraux où le blanc et l'or s'unissent
« ont beaucoup d'éclat et de fraîcheur. La profusion
« des ornements, la fidélité en même temps que
« l'étrangeté du costume, la vigueur que conserve
« même à cette distance le verre coloré, tout contri-
« bue à leur donner l'intérêt et l'attrait de véritables
« peintures historiques ».

Ces appréciations, d'une précision si minutieuse, semblent avoir été écrites pour les vitraux de Bourges, où l'on retrouve, avec la préoccupation continuelle de l'exactitude du costume, la recherche des belles combinaisons architecturales, et ces teintes blanc et or, prodiguées un peu partout, qui produisent à l'œil une impression si douce et si agréable.

Jacques Cœur, le célèbre argentier du roi Charles VII, marcha sur les traces du duc de Berry et fit preuve, comme lui, d'un goût passionné pour les arts.

Non seulement il fit construire un palais magnifique pour la décoration duquel il fit appel aux hommes les plus habiles de son temps, mais il enrichit encore la Cathédrale de Bourges de vitraux d'une très haute valeur. Ils sont d'autant plus précieux pour nous que ceux qui ornaient sa chapelle privée et que l'on considérait généralement comme de véritables chefs-d'œuvre ont été malheureusement détruits.

La chapelle fondée par Jacques Cœur dans la Cathédrale fut bâtie en 1477, et c'est à cette date que doit remonter le vitrail qui en faisait le principal ornement. La fenêtre dans laquelle il s'encadre est divisée en quatre compartiments par des meneaux qui, en se prolongeant, forment à leur extrémité supérieure une grande fleur de lys. Dans le lobe du haut on aperçoit le Père éternel tenant le globe d'une main et bénissant de l'autre; au-dessous, le Saint-Esprit, et plus bas, les armes de France, d'azur à trois fleurs de lys d'or, portées par des anges, et les armes du Dauphin et celles de sa femme. Des anges musiciens, ou tenant des navettes ou des encensoirs, complètent la décoration. Les quatre panneaux du bas sont occupés par saint Jacques et sainte Catherine, l'un dans le compartiment de droite, l'autre dans le compartiment de gauche; dans les panneaux intermédiaires, entre ces deux saints, on aperçoit l'ange Gabriel et la Vierge Marie figurant la scène de l'Annonciation. L'ange est à genoux; il tient à la main un phylactère sur lequel on lit : *Ave Maria gratia plena*. La Vierge est debout; elle a dans les mains un livre largement ouvert dont elle semble interrompre la lecture au moment de l'arrivée du messager céleste. Ce tableau de la Salutation angélique est pour les yeux un véritable régal : le sentiment religieux n'en est pas absent et il est impossible de ne pas rendre hommage au talent du verrier qui, sous ces dais dont tous les détails sont fouillés avec amour, a placé des personnages aussi splendidement habillés, dans une gamme de couleurs aussi bien comprises et aussi éclatantes.

L'ange Gabriel, la Vierge sont de pures merveilles. Saint Jacques et sainte Catherine, par la magnificence de leur costume, la noblesse de leurs traits et de leur attitude, encadrent dignement la scène et complètent un ensemble qui atteste la main d'un grand artiste.

L'examen auquel nous nous sommes livrés nous suggère une réflexion qui, bien que n'ayant qu'une portée historique, nous paraît avoir son importance.

Lorsqu'on étudie avec soin la physionomie de l'ange Gabriel on reconnaît, non sans quelque étonnement, qu'elle n'appartient pas à ces types conventionnels dont les artistes du temps, peintres, sculpteurs, verriers et miniaturistes, ne se sont guère écartés pour nous représenter les esprits bienheureux. Elle nous offre, au contraire, des traits très particuliers, très accusés, comme si, sous les apparences de l'ange, le verrier avait voulu nous donner le portrait d'un personnage déterminé ; caractère qui avait été signalé, il y a déjà longtemps, et ne pouvait échapper à un observateur aussi sagace que M. des Méloizes.

« La physionomie de l'ange, nous dit-il, est très
« particulière. La coupe de son visage, avec le nez
« écrasé, les lèvres fortes, le menton proéminent, n'a
« rien de la banalité d'un type conventionnel. Ce

« doit être un portrait ; mais, en l'absence de tout
« document, on ne peut savoir si le peintre a voulu
« reproduire les traits de quelque fils de Jacques
« Cœur, comme le prétend certaine tradition, ou de
« tout autre personnage ».

Nous croyons pouvoir aller plus loin. Il ne peut
être douteux pour personne que la tête de l'ange ne
soit un portrait. S'il en est ainsi, l'interprétation
qui semblerait la plus naturelle, c'est que le portrait
serait celui, non d'un fils du donateur, mais du donateur lui-même. Malheureusement nous n'avons aucun
moyen de contrôle iconographique, par la raison
que nous ne possédons aucune peinture authentique
représentant les traits de Jacques Cœur. Mais l'i-
dentification que nous proposons est conforme aux
idées du temps et s'impose, pour ainsi dire, du moment où l'on admet que la tête de l'ange est un
portrait. Il n'y a pas, selon nous, à s'arrêter un
seul instant au sentiment de quelques archéologues
qui ont cru reconnaître Jacques Cœur dans saint
Jacques majestueux et absolument traditionnel du
même vitrail, mais nous persistons à penser que
c'est sous les traits de l'ange Gabriel, tenant le
sceptre en main, revêtu d'une chape d'une rare magnificence et pieusement agenouillé aux pieds de la
Vierge, que le puissant argentier a voulu se faire
représenter. Si ce n'est là qu'une conjecture, elle a
au moins pour elle toutes les vraisemblances.

A quel artiste doit-on attribuer ce vitrail que l'on
peut ranger au nombre des plus remarquables de cette
époque ? Quelques personnes ont cru pouvoir affirmer
que l'auteur était italien. Ce sont là des allégations
gratuites qui ne reposent absolument sur rien et que

nous voyons se produire partout, en termes identiques, à propos des plus belles œuvres d'architecture, de peinture et de sculpture de la Renaissance. Sur ce point nous partageons absolument l'opinion de M. de Kersers et nous ne voyons aucune raison pour ne pas en laisser l'honneur à un artiste du pays. Il ne paraît pas que Jacques Cœur, pour la décoration de son hôtel, ait fait appel à des étrangers, pourquoi eût-il agi autrement pour la décoration de sa chapelle de la Cathédrale? Pierre le Vieil regarde comme vraisemblable qu'un certain Henri Mellein, auquel Charles VII accorda des lettres de noblesse en 1430, aurait été l'auteur des vitraux placés dans la chapelle de l'hôtel de Jacques Cœur. On y voyait le portrait du roi, le portrait du maître du logis et les figures des douze pairs de France. Il est infiniment probable que le peintre verrier auquel furent dus les vitraux de l'hôtel de Jacques Cœur fut aussi l'auteur du magnifique vitrail placé, à ses frais et par ses soins, dans sa chapelle à la Cathédrale.

Quant à la date de cette composition, elle ne peut faire aucune difficulté. Nous savons, en effet, que l'autorisation de bâtir une chapelle dans la Cathédrale fut octroyée à Jacques Cœur par le chapitre le 14 juin 1447. C'est, par conséquent, dans les derniers mois de cette année, ou dans le courant de 1448, qu'eurent lieu tout à la fois la construction de la chapelle et la confection du vitrail.

Sans avoir la même valeur, le vitrail du grand pignon du côté du parvis présente certaines particularités qu'il nous semble intéressant de mentionner. Nous passerons légèrement sur la grande rose, qui frappe tout d'abord les regards par ses dimensions

considérables et l'éclat de ses couleurs, et nous nous
arrêterons sur les six panneaux du bas, qui datent
de la moitié du XV^e siècle. On y voit à droite et à
gauche deux saints, saint Guillaume et saint Jacques
d'un côté, saint Étienne et saint Ursin de l'autre,
encadrant la Salutation angélique, figurée, comme
dans le vitrail de Jacques Cœur, par l'ange Gabriel
et la Vierge Marie occupant chacun un panneau. Il
y a cependant cette différence que dans le premier
vitrail l'ange est représenté à genoux, tandis qu'il
est debout dans celui-ci. Il paraît certain que Jacques
Cœur a contribué par ses largesses à la confection de
ce grand vitrail, et c'est probablement pour cela que
l'artiste a fait figurer dans sa composition saint
Jacques, patron du généreux donateur.

Les vitraux des chapelles de Pierre Fradet, de
Beaucaire, de Breuil, de Le Roy, datent de la même
époque et appartiennent au même genre d'inspiration. Pierre Fradet est surtout connu par la mission
qu'il remplit à la cour de Rome pour obtenir du
Pape la bulle approuvant la création de l'université
de Bourges. Sa chapelle fut édifiée en 1466. Dès
l'année 1462, il avait réglé par testament les sujets
qui devaient être traités dans son vitrail ; il prescri-
vait notamment d'y mettre les figures de saint Étienne
et de saint Sébastien. Ses idées se modifièrent plus
tard, car le vitrail nous offre à sa partie supérieure
l'Assomption, la Crucifixion, la Mise au tombeau, la
Résurrection, l'Apparition à Marie-Madeleine, et
dans les panneaux du bas les quatre Évangélistes
avec leurs attributs ordinaires.

Comme Pierre de Beaucaire mourut en 1450, il
est vraisemblable que le vitrail de la chapelle qui

porte son nom remonte à cette date. Dans tous les cas, en admettant qu'il ait été exécuté par les héritiers du donateur, on ne saurait lui assigner une date de beaucoup postérieure. Il rappelle, d'ailleurs, par son aspect général, le vitrail de Pierre Fradet dont nous venons de nous occuper. Tandis que le haut de la fenêtre est consacré au Jugement dernier. les quatre panneaux du bas nous offrent les quatre grands Docteurs de l'Église latine, saint Grégoire, saint Augustin, saint Jérôme et saint Ambroise. Le même sujet se trouve identiquement reproduit dans un vitrail de la Sainte-Chapelle de Riom. On pourrait aussi le rapprocher d'une fresque incomplète d'une chapelle de l'église Saint-Sauveur de Caen. Dans son état actuel, cette peinture ne nous offre que deux des docteurs : saint Augustin et saint Ambroise, et tandis qu'à Bourges la sainte Face se trouve figurée sur une agrafe carrée qui ferme la chape dont est revêtu saint Augustin, à Caen le même docteur tient à la main un crucifix sur lequel est attaché un Christ nu.

Les grandes verrières que l'on voit dans les chapelles des de Breuil et des Le Roy ne s'éloignent pas encore, sensiblement, des dates que nous avons indiquées pour les vitraux des chapelles de Jacques Cœur, de Fradet et de Pierre de Beaucaire. L'une est de 1467, ainsi que l'indique une inscription latine qui se lit au bas du vitrail lui-même ; l'autre est postérieure de quelques années. D'après des documents très explicites, sa date peut être fixée à 1474.

Le vitrail de la chapelle de Jean de Breuil nous montre dans sa partie supérieure, avec un Père éternel bénissant, diverses scènes de la vie de la Vierge : la Visitation, la Nativité, l'Apparition de l'ange aux bergers, la Purification, la Présentation au Temple, le Massacre des Innocents y compris l'épisode bien connu du champ de blé.

La partie inférieure consacre trois de ses panneaux à la représentation de l'Adoration des Mages, le quatrième panneau étant réservé à Jean de Breuil, archidiacre, et à son frère Martin, chanoine, lesquels sont présentés à la Mère de Dieu et à l'enfant Jésus par saint Jean-Baptiste.

Cette belle série se clôt par le vitrail de la Salle du chapitre représentant la lapidation de saint Étienne dont aucun document ne nous indique ni le donateur ni la date, mais qui appartient très certainement à la même époque.

Saint Étienne, la tête inclinée, occupe le panneau central ; deux bourreaux richement costumés sont représentés à droite et à gauche dans les deux autres panneaux. Leur attitude est savamment étudiée. Ils tiennent une pierre, mais il est évident qu'ils ne la lanceront pas et qu'ils ne figurent dans la scène qu'à titre de simples attributs. Nous sommes en pleine convention, ce qu'indique non seulement l'encadrement architectural, et aussi le pavé de marbre à carreaux multicolores sur lesquels se tiennent le saint et les bourreaux, mais encore les riches étoffes formant le fond du tableau et tendues derrière les personnages. Combien, malgré l'incorrection du dessin, il y a plus de vie et de mouvement dans certains médaillons du XIII° siècle ! On peut s'en rendre compte en comparant notre vitrail, si séduisant de couleur et d'une si curieuse recherche dans l'exécution, avec un médaillon, de deux siècles antérieur, publié par M. E. Hucher dans les calques des vitraux

de la cathédrale du Mans. Nous n'en tenons pas
moins les vitres peintes de cette série comme fort
remarquables. Les vitraux de la chapelle de Jean de
Breuil et de Pierre Le Roy, sans être absolument
sur la même ligne que le vitrail de la chapelle de
Jacques Cœur, peuvent être, au point de vue de la
perfection, classés immédiatement après. Ce sont de
splendides spécimens de vitraux dus aux ateliers de
la ville de Bourges dans la seconde moitié du
XV<sup>e</sup> siècle.

Nous arrivons maintenant aux œuvres d'un grand
artiste, dont le mérite est aujourd'hui unanimement
reconnu et qui a été l'objet d'éloges enthousiastes de
la part de ses compatriotes.

Dans un de ses opuscules, si bizarres de forme et
aujourd'hui si recherchés, l'avocat du Roi, Nicolas
Catherinot, inscrivait parmi les peintres notables
les noms de Boucher et de Lescuyer. Cette énoncia-
tion que l'on peut lire au *Traité de la peinture* était
assez modeste. Mais Catherinot ne devait pas en
rester là, et dans un autre factum intitulé : *Les
églises de Bourges*, il déclare sans ambages « qu'il
« conseille aux peintres d'étudier quelques-unes des
« vitres de Lescuyer, comme les sculpteurs étudient
« le Laocoon du Vatican et l'Hercule de Farnèse ».

Le meilleur historien du Berry, Thaumas de La
Thaumassière, en sa double qualité d'érudit et de
jurisconsulte, était de sens plus rassis et moins
porté à l'hyperbole ; il n'en considère pas moins,
avec tous les contemporains, Jean Lescuyer comme
un artiste de très grand mérite.

« Jean Lescuyer, écrit-il, très excellent dessina-
« teur et peintre sur le verre, qui a laissé tant de

« belles œuvres en cette ville et spécialement celles
« de l'Hôtel-Dieu, celles de la chapelle des Tullier et
« de Saint-Laurent dans la cathédrale, dans la
« chapelle des Georges et des Brissards, dans l'église
« Saint-Jean-des-Champs et dans deux chapelles
« de l'église Saint-Bonnet ».

Malheureusement, beaucoup de ces belles œuvres,
si admirées de son temps et si dignes de l'être,
n'existent plus aujourd'hui. Détruites les vitres de
l'Hôtel-Dieu dans lesquelles l'on trouvait que le
grand peintre s'était surpassé et avait atteint la
perfection de son art ! Détruites également celles de
la chapelle des Georges et de la chapelle des Brissards à Saint-Jean-des-Champs. Pour juger Jean
Lescuyer, nous n'avons plus que les verrières qui
lui furent commandées pour les chapelles de la Cathédrale et pour l'église de Saint-Bonnet : il est vrai
qu'elles suffisent pour faire connaître sa manière.
Nous pouvons ajouter qu'elles justifient sa répu-
tation.

Les vitraux sortis de son atelier, et que l'on voit
encore à Saint-Bonnet, sont consacrés à saint Claude
et à saint Jean dont ils retracent la vie. Ce sont ceux
auxquels fait allusion La Thaumassière dans son
*Histoire du Berry*. Par une méprise singulière,
M. Pierquin de Gembloux ayant lu au bas de l'un
d'eux le nom de Laurence Fauconnier, avait cru y
reconnaître la signature du peintre et avait fait
honneur à cette dame d'un vitrail qu'elle avait eu le
mérite de commander, mais à l'exécution duquel elle
était restée absolument étrangère.

La fausseté de cette attribution a été démontrée
péremptoirement par M. Hippolyte Boyer dans une

savante brochure dont les conclusions n'admettent
pas de réplique. Cette démonstration a été complétée
plus tard par la découverte, sur le vitrail même, de
la signature de l'artiste dont on s'efforçait bien à tort
de méconnaître les droits. On peut donc tenir pour
certain, ainsi que l'avait affirmé La Thaumassière,
que Lescuyer est bien l'auteur, non seulement du
vitrail de saint Jean, mais encore du vitrail de saint
Claude. A ces deux vitraux, en s'appuyant sur des
constatations minutieuses, M. des Méloizes en ajoute
un troisième représentant la Résurrection. Telle est
à Saint-Bonnet l'œuvre complète de Lescuyer. Il est
facile maintenant d'indiquer ce que nous avons de
lui à la Cathédrale. Sur ce point encore, La Thaumassière a pris soin de nous renseigner de la
manière la plus précise.

« Jean Lescuyer, écrit-il, a fait pour la Cathédrale
« deux grands vitraux, celui de saint Laurent et
« celui des Tullier ». Tous deux sont arrivés dans un
état d'intégrité à peu près complète jusqu'à nous.

Le premier, qui avait été commandé par Pierre
Copin pour la chapelle qu'il avait fondée dans la
Cathédrale sous le vocable de saint-Papoul, avait été
exécuté peu de temps avant la mort du donateur,
survenue en 1519. Il représente à sa partie supérieure les instruments de la Passion ; au-dessous,
dans la partie inférieure, sur deux bandes superposées, la passion de saint Laurent et de saint Étienne,
ainsi que l'indiquent les légendes : *Sancte Laurenti*,
*Sancte Stephane.* Chacune de ces bandes comprend
quatre petits tableaux traités avec un soin infini,
beaucoup de goût et une science remarquable de la
composition. Les personnages agissent réellement

dans un admirable décor formé de palais, de ruines, de paysages dans le goût italien.

Il y a aujourd'hui plus de vingt ans qu'à la suite d'un examen attentif des vitraux de la Cathédrale nous écrivions, à l'occasion de ce dernier, les lignes suivantes :

« Cette grande composition comprend deux zones
« superposées de peintures de hauteur égale. Dans
« celle du dessus, l'artiste nous a résumé la vie de
« saint Étienne en quatre tableaux : c'est par le
« même procédé qu'il a traité la vie de saint Laurent
« dans la zone inférieure.

« Ce n'est pas la première fois que saint Étienne
« apparaît dans les vitraux de la Cathédrale. Le
« sujet, familier aux peintres verriers du XVᵉ siècle,
« n'avait pas été négligé par ceux du XIIIᵉ, ainsi qu'on
« peut s'en convaincre en jetant les yeux sur les plan-
« ches du grand ouvrage des PP. Martin et Cahier.

« L'artiste à qui Pierre Copin confia la décoration
« de sa chapelle n'a pas eu la prétention de faire du
« nouveau : il s'est contenté d'interpréter avec une
« simplicité expressive qui n'est pas sans charme la
« légende de Jacques de Voragine.

« Saint Étienne, y lisons-nous, plein d'ardeur et
« de courage, se distinguait par son ardeur à répandre
« la bonne nouvelle au milieu du peuple. Les Juifs
« en furent irrités et l'attaquèrent de trois manières
« différentes, en disputant avec lui, en produisant
« contre lui de faux témoins, en le livrant aux
« bourreaux.

« Le premier tableau nous montre saint Étienne,
« reconnaissable à son costume de diacre, disputant
« avec les docteurs de la loi :

« Et comment Estienne préchoit fort souvent au
« peuple, des Juifs vinrent discuter avec lui et il eut
« à tenir tête à ceux de la Synagogue des Affranchis
« et aux Cyrénéens et à ceux d'Alexandrie et à ceux
« de Cilicie et d'Asie, et ils disputèrent tous avec
« Estienne et ils ne purent résister à sa sagesse et ce
« fut son premier combat et sa première victoire. »

« Dans le second compartiment, nous voyons
« Étienne accusé par deux témoins d'avoir blas-
« phémé contre Dieu, contre Moïse, contre la loi et
« contre le tabernacle.

« Le troisième nous représente la lapidation hors
« la ville avec les détails ordinaires.

« Le quatrième n'existe plus, il n'en subsiste plus
« que des fragments insignifiants, mais il est facile
« de combler la lacune en se reportant à des vitraux
« antérieurs. Il s'agissait évidemment de figurer la
« récompense due au saint martyr et sa réception
« dans le ciel. Tout en haut on aperçoit l'âme de
« saint Étienne figurée par un homme nu dans une
« auréole. A droite et à gauche deux anges sont
« agenouillés.

« La bande consacrée à saint Laurent nous montre
« saint Laurent distribuant les trésors de l'Église ;
« saint Laurent incarcéré baptisant, à travers les
« grilles de son cachot, un soldat romain ; saint
« Laurent fustigé ; saint Laurent placé sur le gril.
« Comme on le voit par ce rapide exposé, les sujets
« choisis n'offrent pas de caractère spécial qui puisse
« les différencier des représentations ordinaires du
« martyre de ce saint ; mais ce que l'on ne saurait
« trop faire remarquer, c'est l'habileté avec laquelle
« toutes ces scènes ont été ordonnées ; c'est l'entente

« de la perspective et l'expression des physionomies.
« Chacun de ces épisodes forme un petit tableau
« remarquable tout à la fois par la perfection du
« dessin et la bonne entente de la couleur. La variété
« des teintes et l'intensité générale de la coloration,
« sans permettre toutefois de la comparer aux belles
« verrières du XVIᵉ siècle de Rouen et de quelques
« autres villes de Normandie, lui assignent une place
« à part au milieu des vitraux de la cathédrale de
« Bourges postérieurs au XIIIᵉ siècle. »

Notre impression est restée la même ; notre appréciation n'a pas changé. C'est au surplus en termes
à peu près identiques que M. des Méloizes a jugé
cette belle composition.

. « Tel est, nous dit-il, ce vitrail réellement intéres-
« sant, non seulement dans son ordonnance générale,
« mais dans ses moindres détails. Le carton est
« incontestablement une œuvre de haute valeur ; au
« point de vue du dessin et de la composition, il est
« un des meilleurs parmi tous ceux que nous avons
« étudiés jusqu'ici. La plupart des têtes sont très
« bien dessinées et fort expressives. Quelques-unes
« portent l'empreinte d'un sentiment religieux très
« délicat. Mais en la voyant dans son état actuel
« de détérioration, cette verrière ne peut être appré-
« ciée à sa valeur qu'en faisant abstraction des répa-
« rations maladroites et des morceaux étrangers qui
« en détruisent l'harmonie ».

Un autre vitrail, celui de Tullier, est encore
l'œuvre de Lescuyer, et nous n'en connaissons pas
qui porte à un degré aussi frappant la marque de sa
manière et de son talent. La chapelle dans laquelle
il se trouve a été édifiée par Pierre Tullier, doyen du

chapitre, pour servir à sa sépulture. L'autorisation
nécessaire fut octroyée par les chanoines le 20 août
1530. Pierre Tullier mourut en 1540 ; mais le vitrail
avait été placé longtemps avant, ainsi que le prouve
une inscription qui en fixe la confection à l'année
1532. Le haut du vitrail est occupé par le Père
éternel entouré d'anges et par l'écu de France et les
armes du cardinal de Tournon, qui occupait le siège
archiépiscopal de Bourges à cette époque. On peut
remarquer l'ingéniosité élégante avec laquelle le
peintre verrier a su meubler tous les compartiments
formés par l'épanouissement ; mais où il s'est vrai-
ment distingué, c'est dans la disposition et l'exécution des sujets qui occupent les panneaux du bas.
Dans le premier, on aperçoit la Vierge assise tenant sur les genoux l'enfant Jésus et. derrière elle,
saint Jean-Baptiste tenant une croix à laquelle est
attaché un cartouche avec l'inscription : *Ecce Agnus
Dei*. Il est impossible de rendre le charme de ce
groupe, qui respire le sentiment religieux le plus
pur et le plus touchant.

Sans doute, il est aisé de voir que Lescuyer, qui
avait voyagé en Italie, a formé et épuré son goût
dans la contemplation des chefs-d'œuvre des grands
maîtres de ce pays ; mais il a su conserver son
caractère personnel et original. Notre vitrail le
démontrerait au besoin.

La valeur de ce morceau ne pouvait échapper à
M. des Méloizes, qui l'a apprécié en ces termes :

« La Vierge porte une robe bleue et un manteau
« blanc dont les plis retombent sur ses genoux. Les
« couleurs, d'une intensité suffisante, sont en juste
« équilibre avec l'entourage architectural, et tout le

« panneau est d'un ensemble harmonieux. Le groupe,
« d'un noble caractère, est empreint d'un sentiment
« religieux très pur ».

Les trois autres panneaux sont consacrés aux
*présentations.* Ce sont d'abord Pierre Tullier et
Marie Bonin sa femme, père et mère du donateur,
pieusement agenouillés, près desquels se tient saint
Pierre, reconnaissable à ses clefs. Ils occupent tout
le second panneau. Puis viennent. dans le troisième,
leurs enfants, Jean, François et Pierre le chanoine.

Le quatrième panneau est encore consacré à
d'autres personnages de la famille Tullier, dont les
noms figurent dans une inscription fort endom-
magée dont les éléments essentiels ont pu être
rétablis par M. des Méloizes. Le présentateur est
saint Jacques le Majeur. C'est saint Jean qui est
chargé de cet office dans le panneau précédent.
Ainsi qu'il est facile de s'en rendre compte par ce
court exposé, la personnalité des Tullier absorbe à
peu près tout le vitrail. A ce point de vue, le docte
et pieux chanoine a suivi l'exemple donné par les
Trousseau, les de Breuil, les Aligret; il les a même
dépassés par le nombre des portraits de famille
offerts ainsi à la curiosité du public, avec accompagnement d'armoiries et de notes explicatives.

Ces sortes de peintures, remarque M. le chanoine
Romelot, permettaient à la vanité des donateurs
« d'espérer que leur ressemblance leur survivrait sur
« une substance fragile à la vérité, mais moins que
« la vie humaine ».

Le peintre est entré évidemment dans les sentiments de ses clients et il a traité les têtes des personnages représentés avec un souci de la réalité que

l'on rencontre rarement dans les productions des
artistes verriers de cette époque. Brillant coloriste,
habile dessinateur, Lescuyer a en même temps la
préoccupation de la ressemblance et de la vie. Ses
peintures sont expressives et les têtes, dans son
œuvre, sont d'une finesse de touche, d'un relief
remarquables. Nous citerons particulièrement les
deux personnages du second panneau, Pierre Tullier et Marie Bonin, ainsi que Pierre Tullier, du
troisième. Il y a une autre remarque à faire. Malgré
l'excès de mondanité qui, au premier abord, choque
dans ce grand vitrail, l'artiste, par l'habileté de
l'arrangement général, par la belle attitude des
saints présentateurs, par le sentiment de recueille-
ment qui se lit sur le visage des Tullier, a transformé
cette galerie de portraits de famille en une composition dont le groupe de la Vierge et de l'enfant
Jésus est le centre véritable, et qui ne manque ni de
mouvement ni de caractère religieux.

Jean Lescuyer mourut vers 1556 ; quand il exé-
cuta la grande vitre commandée par Pierre Tullier,
il était dans toute la force de l'âge et dans tout l'éclat
de son talent. Le nom du grand peintre berrichon
que, par une singulière inadvertance, Le Vieil a
passé sous silence, est depuis longtemps déjà tenu
en très grande estime. La publication de M. des
Méloizes achèvera de le mettre en pleine lumière.
Jean Lescuyer, comme bien d'autres, a souffert d'une
sorte de défaveur systématique et fort injuste qui, il
y a quelques années encore, s'attachait aux œuvres
les plus exquises de la Renaissance. A cette occasion,
l'un des hommes qui connaissaient le mieux cette
époque, M. Palustre, a écrit les lignes suivantes :

« Il est de mode, nous ne l'ignorons pas, dans un
« certain milieu, de n'apprécier en fait de vitraux
« que ceux exécutés dans le moyen âge. On s'extasie
« devant les moindres productions de cette époque,
« tandis que c'est à peine si on consent à jeter même
« un coup d'œil sur les plus admirables chefs-d'œuvre
« de la Renaissance. L'invention des émaux, la
« découverte de couleurs nouvelles qui pouvaient
« enrichir la palette des peintres, la meilleure entente
« de la composition et la plus grande pureté du des-
« sin, ce sont là autant de progrès dont il n'est tenu
« aucun compte. Sous le prétexte, assez peu justifié
« parfois, que le XVIᵉ siècle manque du sentiment
« chrétien, on s'exempte d'un examen quelconque.
« A ce sujet, il semblerait que l'art résidât unique-
« ment dans une expression convenue parfaitement
« indépendante de la forme et ne répugnant pas, au
« besoin, à compliquer la naïveté de la gaucherie, non
« sans un parti pris de subtiles combinaisons (1) ».

Sans contester la valeur décorative des vitraux
du XIIIᵉ siècle, on peut réclamer, comme le fait ici
M. Palustre, un peu de justice pour les œuvres des
époques postérieures. Tous les exclusivismes sont
injustes, et l'art, en définitive, admet des formes mul-
tiples et ne saurait être immobilisé dans des concep-
tions conventionnelles et, pour ainsi dire, hiératiques.
Un des charmes du volume de M. des Méloizes, c'est
de nous faire connaître les modifications diverses
qu'il a subies dans les œuvres successives des peintres verriers de la cathédrale de Bourges.

Le vitrail de saint Denis date de 1517 ou 1518. Il

_____________

(1) *La Renaissance en France*, p. 246.

fut commandé par Denis de Bar, évêque de Saint-
Papoul, dont il porte les armoiries. La partie supérieure, qui nous offre un Père éternel entouré d'anges
et deux écussons aux armes du donateur surmontés
de la crosse, ne peut donner lieu à aucune remarque
particulière. Il en est autrement des seize petits
tableaux avec légendes, où se trouvent représentés
les différents épisodes de la vie de saint Denis.
Comme dans le vitrail de saint Laurent que nous
avons précédemment analysé, le fond, le terrain, le
ciel et les accessoires en général ne sont nullement
conventionnels. Dans toutes ces scènes, les personnages agissent au milieu d'un décor, paysage rural
ou urbain, emprunté à la réalité. On doit cependant
observer que le vitrail de Lescuyer auquel nous
venons de faire allusion atteste une meilleure entente
de la composition, et aussi plus de goût dans l'exécution.

Il y a d'autres différences de détail qui ont fait
penser à M. des Méloizes que cette grande vitre
n'appartenait pas à l'école de Bourges et provenait,
selon toute vraisemblance, d'un atelier étranger. La
chose serait d'autant plus explicable que Denis de
Bar, évêque de Saint-Papoul, n'habitait pas le Berry
et put choisir, à Paris ou ailleurs, l'artiste verrier
auquel il confia sa commande. Sans écarter les
artistes berrichons, peut-être aussi pourrait-on admettre que le vitrail de saint Denis a été exécuté
d'après un carton étranger. C'est un fait qui n'a
rien d'anormal et dont l'existence a été plus d'une
fois constatée.

Les vitraux dus à la munificence de la famille de
Montigny et au maréchal de la Châtre, dont il nous

reste à parler, nous arrêteront moins longtemps. Ce sont les derniers de la série dont nous avons entrepris l'examen. Ils datent, en effet, de la fin du XVIe siècle et du commencement du XVIIe. Ce sont de très curieux spécimens de l'art de la peinture sur verre à cette époque de décadence. Le grand vitrail qui représente l'Assomption accuse encore de sérieuses qualités de couleur et de composition, et est le plus intéressant à étudier.

Cette introduction, trop longue peut-être et pourtant bien incomplète, appelle une conclusion qui découle naturellement de tout ce que nous avons déjà dit et que nous croyons pouvoir résumer en quelques mots. Le volume de M. des Méloizes avec les documents précis et les belles planches qu'il contient, en même temps qu'il est un monument élevé aux artistes verriers du Berry, apporte à l'histoire de la peinture sur verre dans notre pays une contribution importante dont les hommes éclairés, les artistes, les archéologues ont déjà senti tout le prix. Elle aura un autre résultat. Nous espérons que l'initiative intelligente et généreuse de M. des Méloizes provoquera des initiatives du même genre. Il est temps, avec les procédés graphiques dont nous disposons aujourd'hui, de faire connaître, sans distinction d'époque, à tous, Français et étrangers, les trésors infiniment variés de notre art national. N'est-il pas d'ailleurs sage et patriotique, en prévision de désastres qui peuvent toujours se produire, d'assurer à ces fragiles monuments le privilège de la perpétuité en en reproduisant l'image ?

Eugène DE BEAUREPAIRE.